FULL SCORE

WSJ-18-016
<吹奏楽J-POP楽譜>

Wake Me Up

Albin Nordqvist、Louise Frick Sveen、Atsushi Shimada　作曲
郷間幹男　編曲

楽器編成表

木管楽器	金管・弦楽器	打楽器・その他
Piccolo	B♭ Trumpet 1	Drums
Flutes 1 (& *2)	B♭ Trumpet 2	*Timpani
*Oboe	*B♭ Trumpet 3	Percussion 1
*Bassoon	F Horns 1 (& *2)	...Sus.Cymbal
*E♭ Clarinet	F Horns 3 (& *4)	*Percussion 2
B♭ Clarinet 1	Trombone 1	...Castanet
B♭ Clarinet 2	Trombone 2	Percussion 3
*B♭ Clarinet 3	*Trombone 3	...Xylophone,Glockenspiel
*Alto Clarinet	Euphonium	
Bass Clarinet	Tuba	
Alto Saxophone 1	Electric Bass	Full Score
*Alto Saxophone 2	(String Bass) ※パート譜のみ	
Tenor Saxophone		
Baritone Saxophone		

＊イタリック表記の楽譜はオプション

Wake Me Up

◆曲目解説◆

　2018年5月にリリースされたTWICEのシングル。「チャレンジ」をキーワードに、あきらめない気持ち、前向きに立ち向かう強い心を後押しするような明るい応援ソングです。「パンパカパーン」というフレーズに合わせた可愛らしい振り付けをはじめ、ダンスもまた魅力的。ダンスを交えた演出でも盛り上がれるので、学園祭などにおすすめの一曲です！

◆郷間幹男　プロフィール◆

　中学よりトロンボーンを始め、大学在学中に「YAMAHA T・M・F」全国大会優勝・グランプリ受賞。
　1997年、ファンハウス（現ソニー・ミュージックレーベルズ）よりサックス・プレイヤーとしてメジャーデビュー。デビューシングル『GIVE YOU』は、フジTV系「平成教育委員会」エンディングテーマ、サークルK CMテーマ曲になり、オリコンチャートや、全国各地のFMチャート上位を独占。その他にも日本コカ・コーラ社のオリンピック・タイアップ曲や、フジTV系「発掘あるある大辞典II」などのBGMを演奏。
　芸能活動を続けながらも吹奏楽指導や作・編曲など、吹奏楽活動も積極的に続け、中でもブラス・アレンジにはかなりの定評がある。
　これまでの経験を活かし株式会社ウィンズスコアを設立、代表取締役社長に就任。現在、社長業の傍ら全国の吹奏楽トップバンドへの編曲や指導なども行っており、その実力からコンクール、アンサンブルコンテストの審査員も務める。
　主な作品に、『コンサートマーチ「虹色の未来へ」』（2018年度全日本吹奏楽コンクール課題曲）等がある。

Wake Me Up - 4

Wake Me Up - 7

Wake Me Up - 8

ご注文について

ウィンズスコアの商品は全国の楽器店、ならびに書店にてお求めになれますが、店頭でのご購入が困難な場合、当社PC&モバイルサイト・FAX・電話からのご注文で、直接ご購入が可能です。

◎当社PCサイトでのご注文方法

http://www.winds-score.com

上記のURLへアクセスし、WEBショップにてご注文ください。

◎FAXでのご注文方法

FAX．03-6809-0594

24時間、ご注文を承ります。当社サイトよりFAXご注文用紙をダウンロードし、印刷、ご記入の上ご送信ください。

◎電話でのご注文方法

TEL．0120-713-771

営業時間内にお電話いただければ、電話にてご注文を承ります。

◎モバイルサイトでのご注文方法

右のQRコードを読み取ってアクセスいただくか、URLを直接ご入力ください。

※この出版物の全部または一部を権利者に無断で複製(コピー)することは、著作権の侵害にあたり、著作権法により罰せられます。

※造本には十分注意しておりますが、万一落丁乱丁などの不良品がありましたらお取替え致します。また、ご意見ご感想もホームページより受け付けておりますので、お気軽にお問い合わせください。

LOVE THE ORIGINAL
楽譜のコピーはやめましょう

Flutes 1&2

Wake Me Up

Albin Nordqvist / Louise Frick Sveen / Atsushi Shimada　作曲
郷間幹男　編曲

Bassoon

Wake Me Up

E♭ Clarinet

Wake Me Up

Albin Nordqvist / Louise Frick Sveen / Atsushi Shimada　作曲
郷間幹男　編曲

B♭ Clarinet 1

Wake Me Up

Albin Nordqvist / Louise Frick Sveen / Atsushi Shimada　作曲
郷間幹男　編曲

B♭ Clarinet 2

Wake Me Up

Albin Nordqvist / Louise Frick Sveen / Atsushi Shimada　作曲
郷間幹男　編曲

Wake Me Up

B♭ Clarinet 3

Albin Nordqvist / Louise Frick Sveen / Atsushi Shimada 作曲
郷間幹男 編曲

Alto Clarinet

Wake Me Up

Albin Nordqvist / Louise Frick Sveen / Atsushi Shimada 作曲
郷間幹男 編曲

B♭ Trumpet 2

Wake Me Up

Albin Nordqvist / Louise Frick Sveen / Atsushi Shimada　作 曲
郷 間 幹 男　編 曲

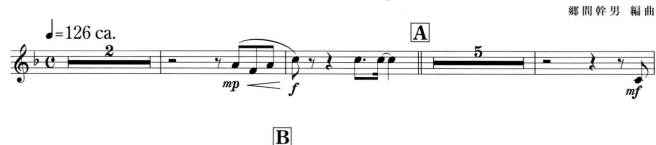

Trombone 3

Wake Me Up

Albin Nordqvist / Louise Frick Sveen / Atsushi Shimada　作曲
郷間幹男　編曲

Euphonium

Wake Me Up

Albin Nordqvist / Louise Frick Sveen / Atsushi Shimada 作曲
郷間幹男 編曲

Drums

Wake Me Up

Albin Nordqvist / Louise Frick Sveen / Atsushi Shimada 作曲
郷間幹男 編曲

Timpani

Wake Me Up

Albin Nordqvist / Louise Frick Sveen / Atsushi Shimada　作曲
郷間幹男　編曲

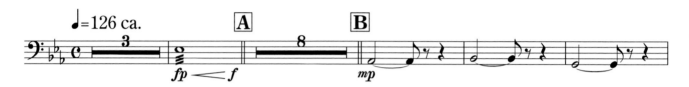

Percussion 1
Sus.Cymbal

Wake Me Up

Albin Nordqvist / Louise Frick Sveen / Atsushi Shimada　作曲
郷間幹男　編曲

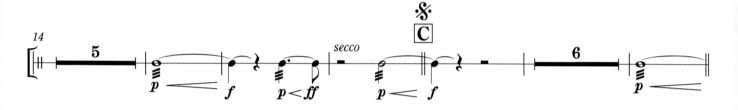
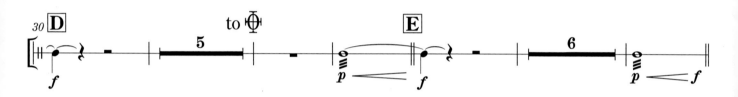
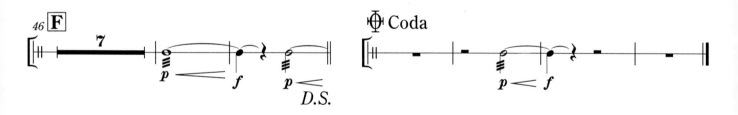

Percussion 2

Castanet

Wake Me Up

Albin Nordqvist / Louise Frick Sveen / Atsushi Shimada　作曲
郷間幹男　編曲

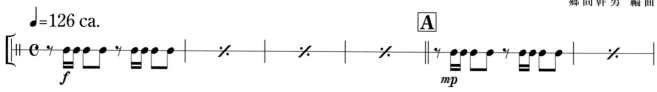
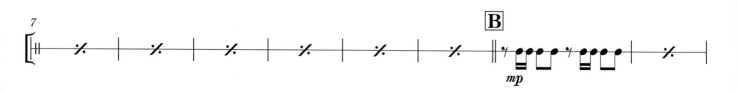
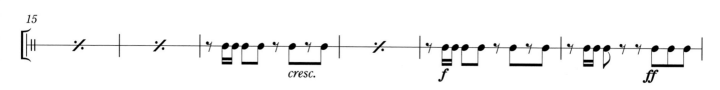
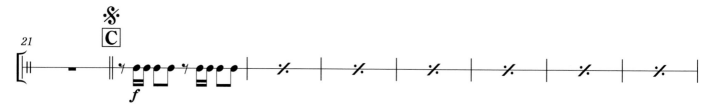
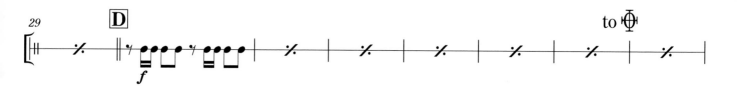
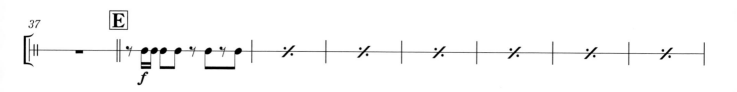
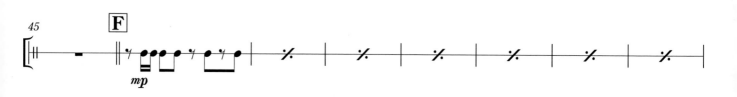

Wake Me Up

Percussion 3
Xylophone, Glockenspiel

Albin Nordqvist / Louise Frick Sveen / Atsushi Shimada　作曲
郷間幹男　編曲

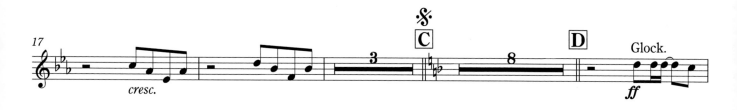

MEMO